Impressum
Verlag: BABADADA GmbH, Nedderfeld 112 , 22529 Hamburg
Geschäftsführer / Verlagsleitung: Harald Hof
Druck: Books on Demand GmbH, In de Tarpen 42, 22848 Norderstedt

Imprint
Publisher: BABADADA GmbH, Nedderfeld 112 , 22529 Hamburg, Germany
Managing Director / Publishing direction: Harald Hof
Print: Books on Demand GmbH, In de Tarpen 42, 22848 Norderstedt

mekdep
shule

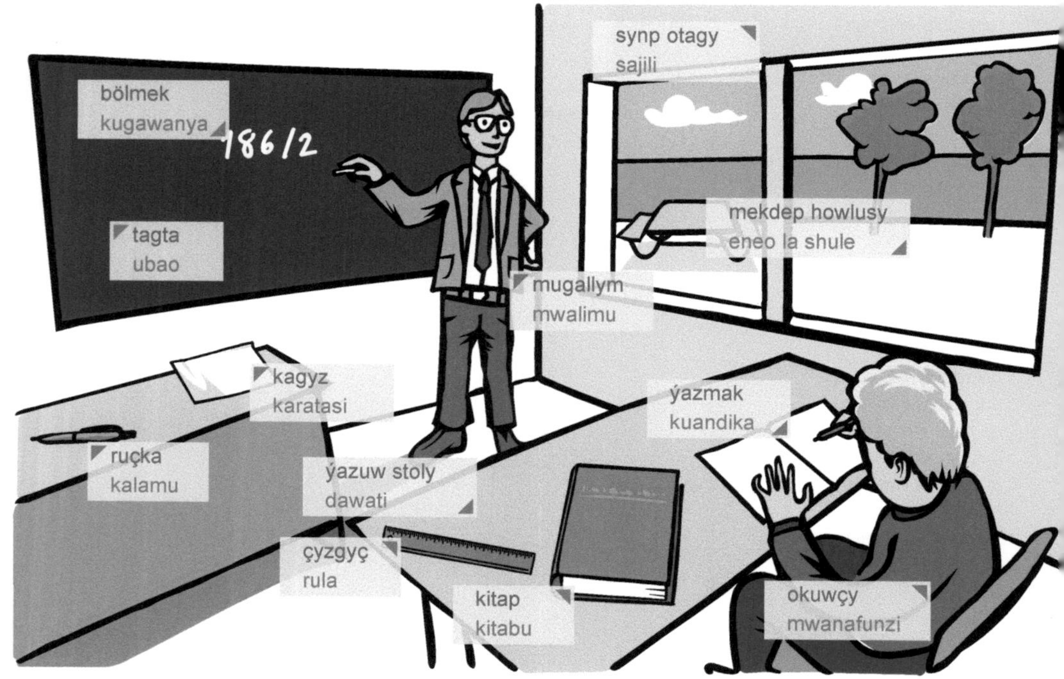

synp otagy
sajili
bölmek
kugawanya
186/2
tagta
ubao
mekdep howlusy
eneo la shule
mugallym
mwalimu
kagyz
karatasi
ýazmak
kuandika
ruçka
kalamu
ýazuw stoly
dawati
çyzgyç
rula
kitap
kitabu
okuwçy
mwanafunzi

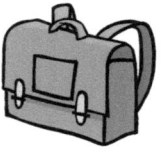

ranes

mkoba

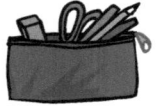

penal

kikasha cha penseli

galam

penseli

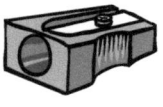

galam artylýan

kichonga penseli

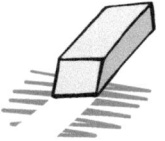

bozguç

mpira

surat çekmek üçin albom

pedi ya kuchora

surat

uchoraji

çotgajyk

brashi ya rangi

reňkli guty

sanduku la rangi

gaýçy

mkasi

ýelim

gundi

depder

daftari

öý işi

kazi ya nyumbani

san

nambari

goşmak

jumlisha

aýyrmak

ondoa

köpeltmek

zidisha

hasaplamak

kokotoa

harp

barua

elipbiý

alfabeti

söz

neno

tekst
maandishi

okamak
kusoma

hek
chaki

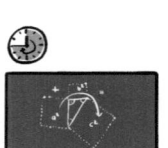

sapak
somo

synp dergisi
sajili

synag
uchunguzi

diplom
cheti

mekdep lybasy
sare za shule

bilim
elimu

ensiklopediýa
elezo

uniwersitet
chuo kikuu

mikroskop
darubini

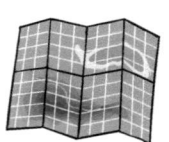

karta
ramani

kagyz üçin sebet
kikapu cha kuweka karatasi
chafu

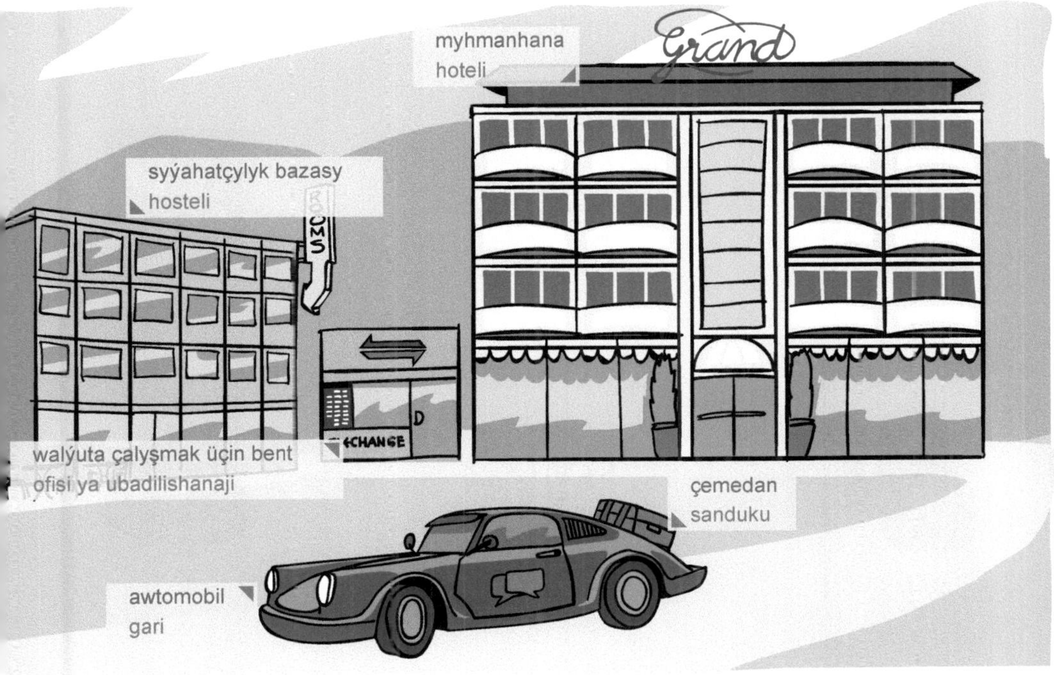

myhmanhana
hoteli
syýahatçylyk bazasy
hosteli
ROOMS
EXCHANGE
walýuta çalyşmak üçin bent
ofisi ya ubadilishanaji
çemedan
sanduku
awtomobil
gari

dil

lugha

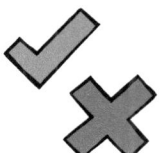

hawwa / ýok

ndiyo / la

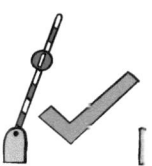

bolýa

sawa

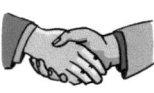

salam

hujambo

terjimeçi

mtafsiri

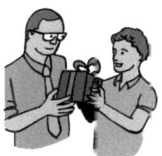

Minnetdar

Asante

bahasy näçe?

kiasi gani ni ...?

men düşünmeýärin

Sielewi

mesele

tatizo

Agşamyňyz haýyr!

Jioni njema!

Ertiriňiz haýyrly!

Habari za asubuhi!

Gijäňiz rahat bolsun!

Usiku mwema!

görüşýänçäk

kwa heri

ugur

mwelekeo

ýük

mizigo

torba

mfuko

eginden asylýan torba

shanta

myhman

mgeni

otag

chumba

halta ýorgan

begi la kulalia

çadyr

hema

syýahatçylyk maglumaty

taarifa ya utalii

kenarýaka

ufuo

karz karty

kad

ertirlik

kifunguakinywa

günortanlyk

chakula cha mchana

agşamlyk

chakula cha jiori

petek

tiketi

lift

kuinua

poçta markasy

muhuri

çäk

mpaka

gümrük

mila

ilçihana

ubalozi

wiza

visa

pasport

pasipoti

ulag
usafiri

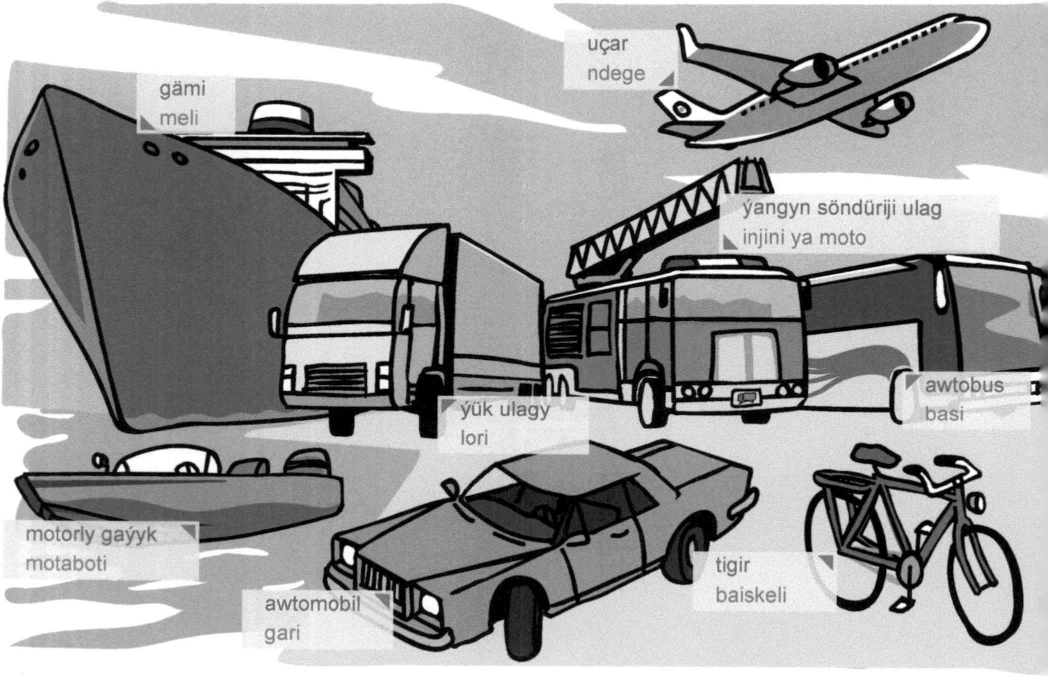

gämi
meli
uçar
ndege
ýangyn söndüriji ulag
injini ya moto
awtobus
basi
ýük ulagy
lori
motorly gaýyk
motaboti
tigir
baiskeli
awtomobil
gari

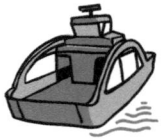

parom

feri

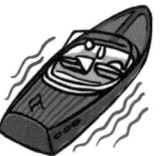

gaýyk

mashua

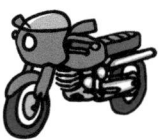

motosikl

pikipiki

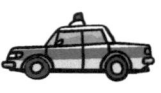

polisiýa ulagy

gari la polisi

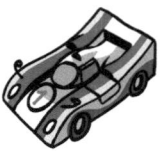

çapyşyk

gari la mashindano

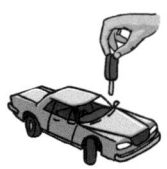

kärendä alnan ulga

gari la kukodisha

ulagy bilelikde ulanmak

kushiriki gari

tirkeg ulagy

lori la kuvuta

zir-zibil daşaýan ulag

ukusanyaji taka

hereketlendiriji

motor

ýangyç

mafuta

guýma

kituo cha mafuta

ýol belgisi

ishara trafiki

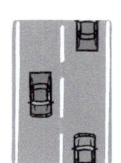

hereket

trafiki

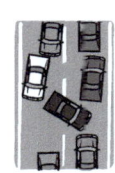

dyky

msongamano

awtoduralga

maegesho

menzil

kituo cha treni

seplem

reli

otly

garimoshi

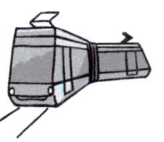

tramwaý

tremu

wagon

gari la mizigo

dik uçar
helikopta

howa menzili
uwanja wa ndege

minara
mnara

ýolagçy
abiria

konteýner
chombo

guty
katoni

araba
mkokoteni

sebet
kikapu

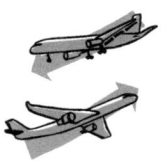

uçmak / gonmak
ondoka

şäher
jiji

oba
kijiji

şäher merkezi
katikati ya jiji

öý
nyumba

kinoteatr
sinema

mahabat
tangazo

köçe çyrasy
taa za mitaani

CINEMA

köçe
barabara

taksi
teksi

kiosk
duka la vitafunio

pyýada ýolagçy
mtembea kwa migu

ýanýoda
njia ya waenda kwa miguu

pyýada geçelgesi
kivuko

zibil bedresi
pipa

çatryk
kuvuka

swetofor
taa za trafiki

kepbe

kibanda

öý

gorofa

menzil

kituo cha treni

şäher häkimligi

ukumbi wa mji

muzeý

Makavazi

mekdep

shule

şäher - jiji

uniwersitet

chuo kikuu

bank

benki

hassahana

hospitali

myhmanhana

hoteli

dermanhana

duka la dawa

ofis

ofisi

kitap dükany

duka la kitabu

dükan

duka

gül dükany

duka la maua

supermarket

dukakuu

bazar

soko

uniwermag

idara ya kuhifadhi

balyk söwdagäri

mwuza samaki

söwda merkezi

kituo cha ununuzi

port

bandari

park
Hifadhi

oturgyç
benki

köpri
daraja

merdiwan
vidato

metro
chini ya ardhi

ötük
handaki

awtobus
kituo cha mabasi

bar
bar

restoran
mgahawa

poçta gutusy
sanduku la posta

köçäni adyny görkezýän
ýazgy
ishara ya barabara

parkometr
mita ya maegesho

haýwanat bagy
bustani ya wanyama

basseýn
kidimbwi cha kuogelea

metjit
msikiti

ferma
shamba

daşky gurşawyň hapalanmagy
uchafuzi

gonamçylyk
makaburini

buthana
kanisa

çaga meýdançasy
uwanja wa michezo

ybadathana
hekalu

landşaft

mazingira

ýaprak
jani

ýol görkeziji
ishara ya mwelekeo

ýol
njia

ýaýla
malisho

daş
jiwe

syýahatçy
mtembeaji wa masafa

agaç
mti

derýa
mto

ot
nyasi

gül
ua

dere
bonde

dag
kilima

köl
ziwa

tokaý
msitu

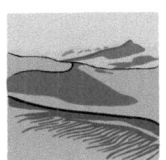

çöl
jangwa

wulkan
volkano

gulp
ngome

älemgoşar
upinde wa mvua

kömelek
uyoɜa

palma agajy
mtende

çybyn
mbu

sinɘk
kuruka

garynja
chungu

bal arysy
nyuki

mɜ́ý
bu bui

tomzak

mende

gurbaga

chura

awusiýdik

kuchakuro

kirpi

nungunungu

towşan

sungura

baýguş

bundi

guş

ndege

guw

swan

ýekegapan

nguruwe mwitu

sugun

kulungu

los

aina ya kongoni

bent

bwawa

şemal generatory

tabo ya upepo

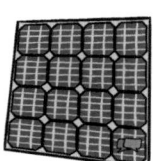

gün batareýasy

nishaji ya jua

howa

hali ya hewa

restoran
mgahawa

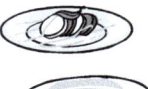

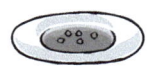

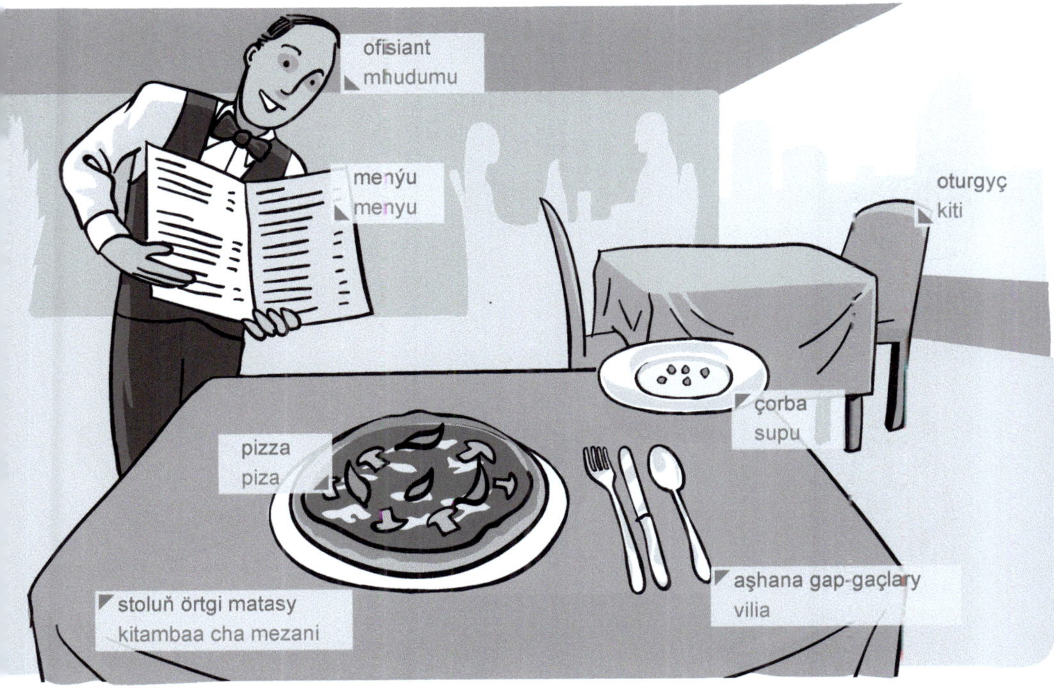

ofisiant
mhudumu
menýu
menyu
oturgyç
kiti
çorba
supu
pizza
piza
stoluň örtgi matasy
kitambaa cha mezani
aşhana gap-gaçlary
vilia

garbanma
kiamsha hamu

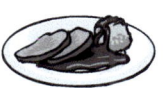

esasy tagam
kozi kuu

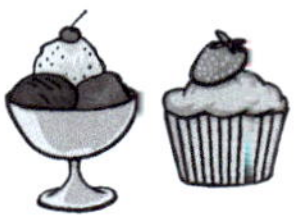

süýjülik
kitindamlo

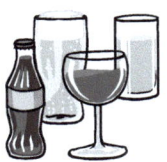

içgiler
vinywaji

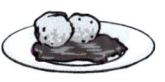

nahar
chakula

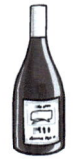

süýşe
chupa

tiz tagam

chakula cha haraka

köçe iýmiti

Streetfood

çäýnek, kitir

buli

şeker gaby

kisanduku cha sukari

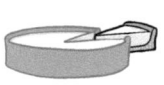

porsiýa

sehemu

kofe gaýnadyjy

mashine ya espresso

çaga oturgyjy

kiti kirefu

hasap

muswada

mejme

trei

pyçak

kisu

çarşak

uma

çemçe

kijiko

çaý çemçesi

kijiko cha chai

salfetka

nepi

bulgur

glasi

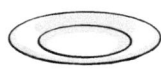

tarelka

sahani

çorba tarelkasy

sahani ya supu

tabajyk

sufuria

sous

mchuzi

duz gaby

kichanyaji chumvi

burçy üweýji

kinu cha pilipili

sirke

siki

ýag

mafuta

huruş

viunjo

ketçup

kechapu

gorçisa

haradali

maýonez

kachumbari nzito

supermarket
dukakuu

ýörite teklip
ofa maalum
alyjy
mteja
süýt önümleri
maziwa
miweler
matunda
satyn alnan zatlar üçin araba
toroli
FOR

BUTCHERS

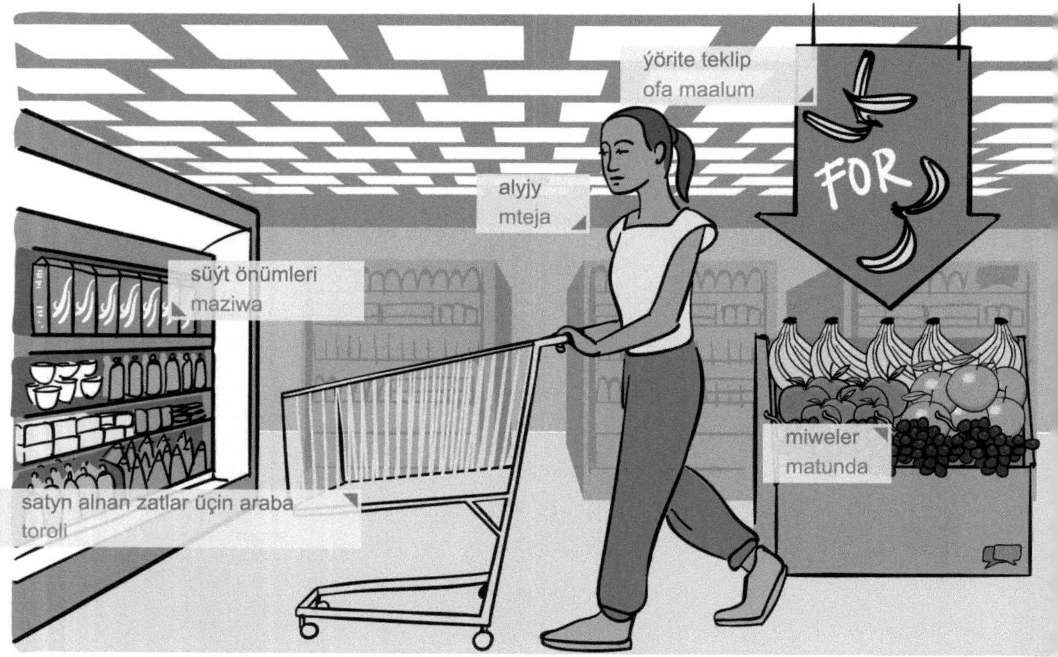

et dükany

mchinjaji

BAKERY

çörek kärhanasy

mwokaji

ölçemek

uzito

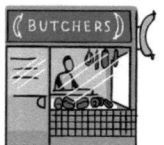

gök önümler

mboga

et

nyama

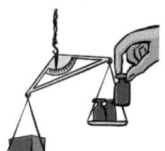

tiz doňýan önümler

chakula waliohifadhiwa

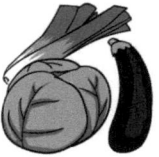

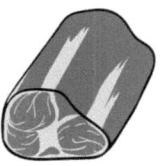

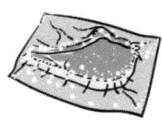

kesme

vipande vya nyama baridi

konserwirlenen önümler

chakula cha kopo

kir ýuwujy toz

sabuni ya unga

süýjülikler

pipi

öýde ulanylýan zat

bidhaa za kaya

ýuwujy serişde

bidhaa za kusafisha

satyjy aýal

mtu mauzo

kassa

mpaka

pulhanaçy

keshia

satyn alynmaly zatlar

orodha ya manunuzi

iş wagty

masaa ya ufunguzi

garjyk

mkoba

karz karty

kadi

sumka

mfuko

polietilen paket

mfuko wa plastiki

suw

maji

şire

sharubati

süýt

maziwa

koka-kola

coke

wino

mvinyo

piwo

bia

alkogol

pombe

kakao

kakao

çaý

chai

kofe

kahawa

espresso

spreso

kapuçino

kapuchino

banan

ndizi

alma

tufaha

pyrtykal

machuŋwa

garpyz

tikiti

limon

lemon

käşir

karoti

sarymsak

kitunguu saumu

bambuk

mianzi

sogan

kitunguu

kömelek

uyoga

hoz

karanga

un aş

nudo

spagetti
spageti

tüwi
mpunga

işdäaçar
saladi

gowurylan ýer alma
vibanzi

gowurylan ýer alma
viazi vya kukaanga

pizza
piza

gamburger
hambaga

sendwiç
sandwichi

üweme
kipande

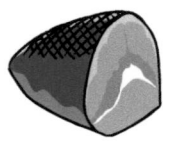

wetçina
paja la mnyama

salýami
salami

şöhlat
soseji

towuk
kuku

gowrulyp taýýarlanýan
nahar
choma

balyk
samaki

süle patragy

oats ya uji

mýusli

muesli

mekgejöwen patragy

cornflakes

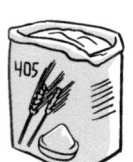

un

unga

kruassan

kroisanti

bulka

andazi

çörek

mkate

tost

mkate wa kubanika

köke

biskut

ýag

siagi

dorog

maziwa mgando

pirog

keki

ýumurtga

yai

heýgenek

yai kukaanga

peýnir

jibini

doňdurma

aiskrimu

şeker

sukari

bal

asali

marmelad

jemu

nogully krem

kuenea kwa chokoleti

karri

mchuzi wa viungo

ferma
shamba

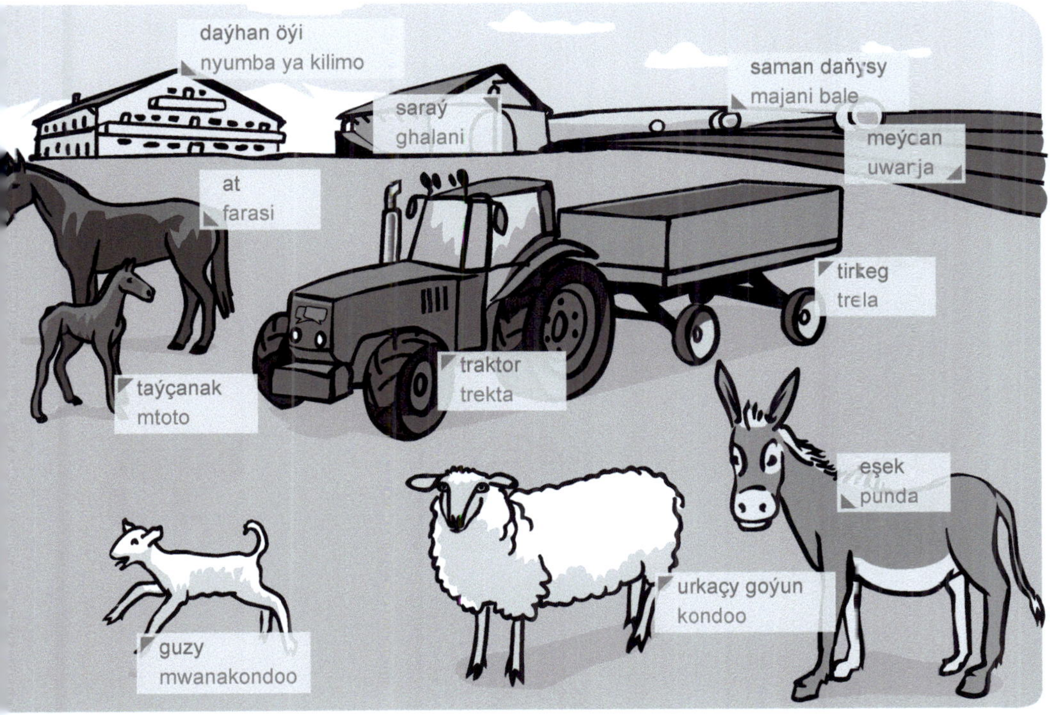
daýhan öýi
nyumba ya kilimo
saman daňysy
majani bale
saraý
ghalani
meýdan
uwarja
at
farasi
tirkeg
trela
traktor
trekta
taýçanak
mtoto
eşek
punda
urkaçy goýun
kondoo
guzy
mwanakondoo

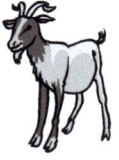

geçi
mbuzi

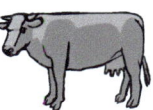

sygyr
ng'ombe

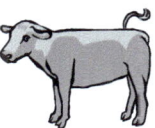

göle
ndama

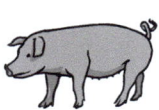

doňuz
nguruwe

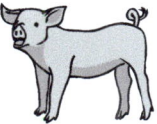

jojuk
mwananguruwe

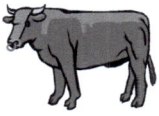

öküz
fahali

gaz

batabukini

ördek

bata

jüýje

kifaranga

towuk

kuku

horaz

jogoo

alaka

panya

pişik

paka

syçan

panya

öküz

ng'ombe

it

mbwa

it ýatagy

nyumba ya mbwa

bag şlangy

bomba la bustani

guýgyç

debe la kumwagilia maji

orak

fyekeo

azal

kulima

orak
mundu

kätmen
jembe

dökün çarşagy
uma wa nyasi

palta
shoka

galtak
toroli

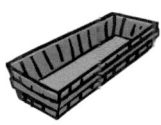

kersen
kupitia nyimbo

süýt üçin tüññür
chombo cha maziwa

halta
gunia

haýat
ua

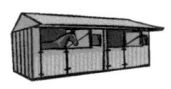

çörek
imara

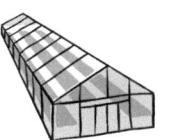

ýyladyşhana
chafu

toprak
udongo

ekin
mbegu

dökün
mbolea

kombaýn
kivunaji

hasyl ýygnamak

mavuno

galla

mavuno

ýams

viazi vikuu

bugdaý

ngano

soýa

soya

ýeralma

viazi

mekgejöwen

mahindi

raps

rapa

miwe agajy

mti wa matunda

manioka

muhogo

däneli ösümlikler

nafaka

öý
nyumba

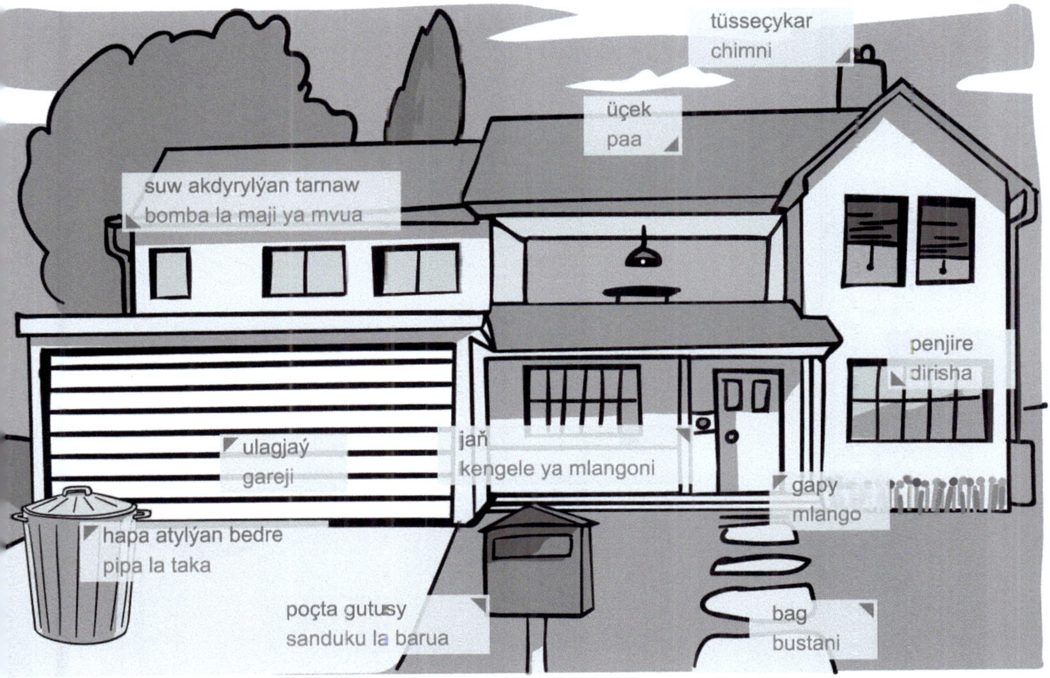
tüsseçykar
chimni
üçek
paa
suw akdyrylýan tarnaw
bomba la maji ya mvua
penjire
dirisha
ulagjaý
gareji
jaň
kengele ya mlangoni
gapy
mlango
hapa atylýan bedre
pipa la taka
poçta gutusy
sanduku la barua
bag
bustani

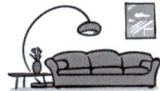

myhman otagy

sebuleni

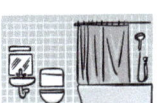

wanna otagy

bafu

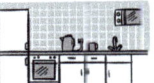

aşhana

jikoni

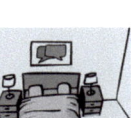

ýatalga otagy

chumba cha kulala

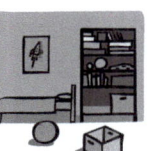

çaga otagy

chumba ya mtoto

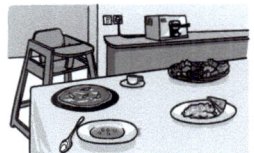

naharhana

chumba cha kulia

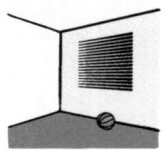

pol

sakafu

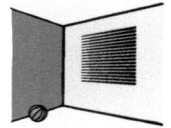

diwar

ukuta

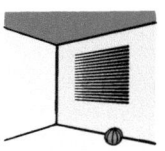

potolok

dari

ýerzemin

pishi

hamam

sauna

balkon

roshani

eýwan

mtaro

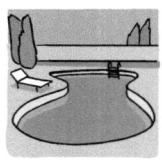

howdan

kidimbwi

gazon orujy

mashine ya kukata nyasi

ýorgan daşlygy

karatasi

örtgi

kitambaa cha kupamba
kitanda

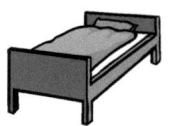

ýatakça

kitanda

sübse

ufagio

bedre

ndoo

öçüriji

kubadili

myhman otagy
sebuleni

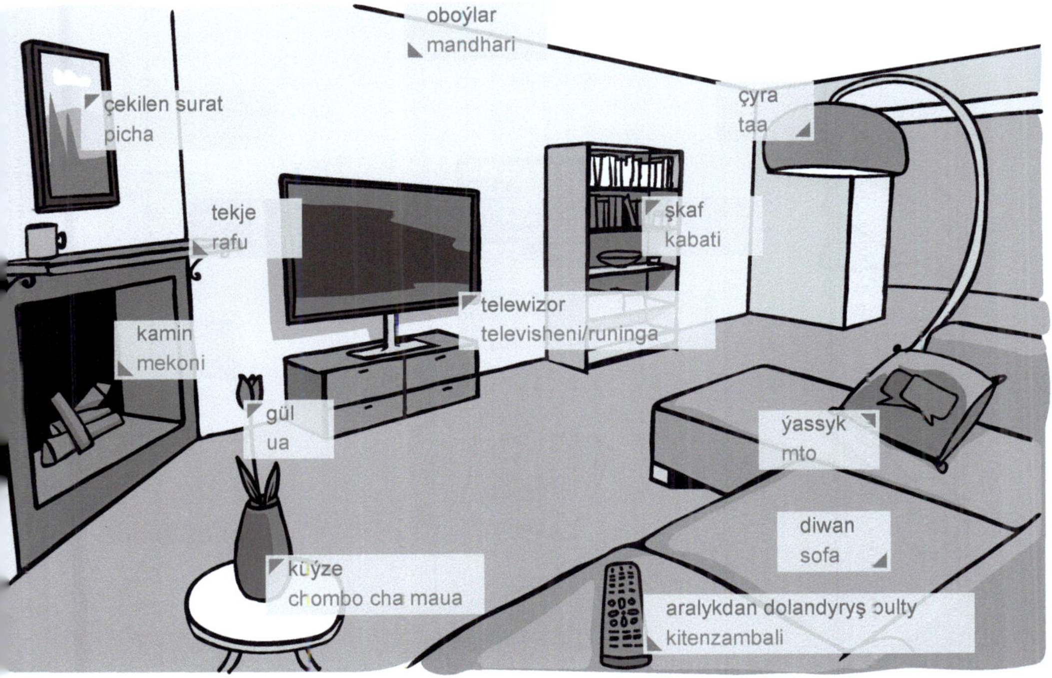
oboýlar
mandhari
çekilen surat
picha
çyra
taa
tekje
rafu
şkaf
kabati
telewizor
televisheni/runinga
kamin
mekoni
gül
ua
ýassyk
mto
diwan
sofa
küýze
chombo cha maua
aralykdan dolandyryş pulty
kitenzambali

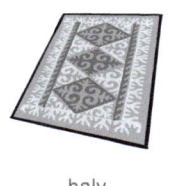

haly

zulia

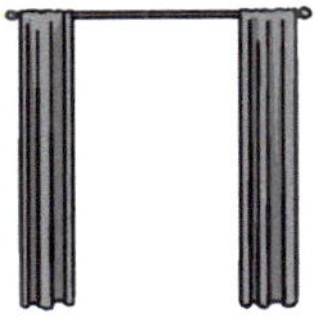

tuty

pazia

stol

meza

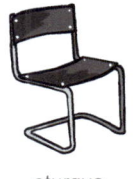

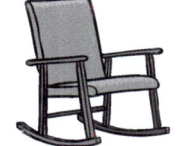

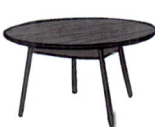

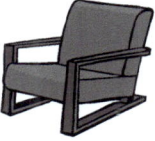

oturgyç

kiti

öňe-yza gaýdýan kürsi

kiti cha bembea

kürsi

armchair

kitap
kitabu

örtgi
blanketi

bezeg
mapambo

odun
kuni

film
filamu

stereo ulgam
kifaa cha hi-fi

açar
ufunguo

gazet
gazeti

surat
uchoraji

ündewsurat
bango

radio
redio

bloknot
daftari

tozan sorujy
kifyonza

kaktus
dungusi kakati

şem
mshumaa

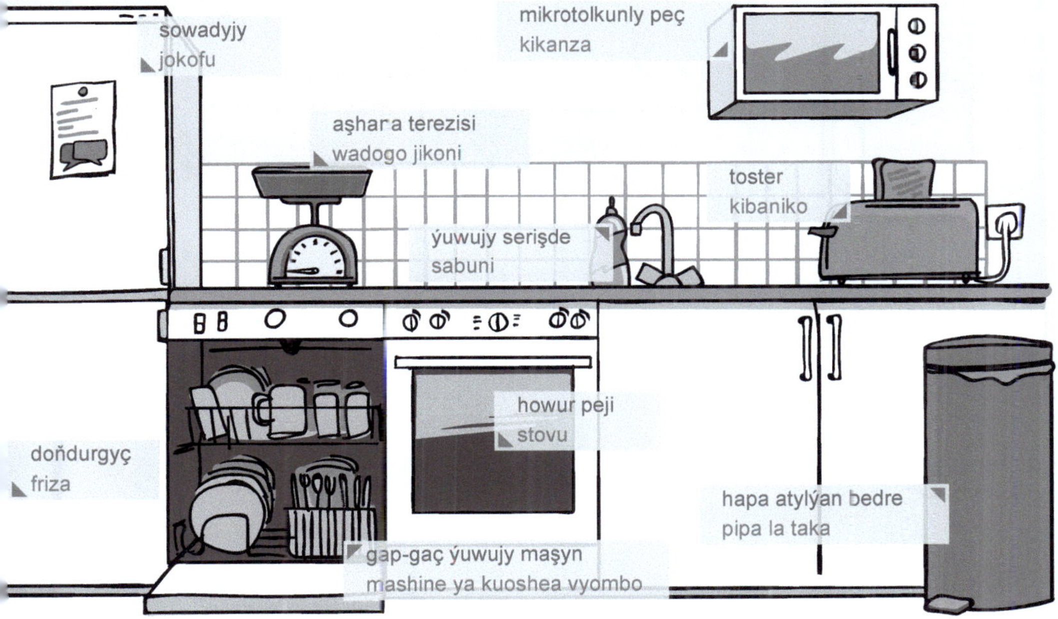

sowadyjy
jokofu

mikrotolkunly peç
kikanza

aşhara terezisi
wadogo jikoni

toster
kibaniko

ýuwujy serişde
sabuni

howur peji
stovu

doňdurgyç
friza

hapa atylýan bedre
pipa la taka

gap-gaç ýuwujy maşyn
mashine ya kuoshea vyombo

plita
....
jiko la kupika

piti
....
chungu

çoýun gazary
....
sufuria ya chuma

wok / kadaý
....
wok / kadai

saç
....
kaango

çäýnek, kitr
....
birika

bugda bişiriji
stima

protiwen
sinia ya kuoka

gap-gaç
vyombo vya udongo

kürşge
kombe

jam
bakuli

nahar iýilýän taýajyklar
vijiti vya kulia

susak
ukawa

piljagaz
mwiko mpana

ýaýylýan maşyn
burashi

elek
kichujio

elek
chujio

gyrgyç
mbuzi

soky
chokaa

gril
barbeque

ot
moto wazi

tagta

ubao wa majaribio

oklaw

kijiti cha kusukuma unga

ştopor

kizibuo

tüneke banka

kopo

konserwa pyçagy

inaweza kopo

tutguç

kishikio cha chungu

rakowina

karo

çotga

brashi

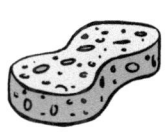

gubka

sifongo

mikser

kisagaji matunda

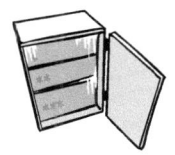

doňdurma kamerasy

frji ya kina

çagany iýmitlendirmek üçin çüýşejik

chupa ya mtoto

kran

bomba

wanna otagy
bafu

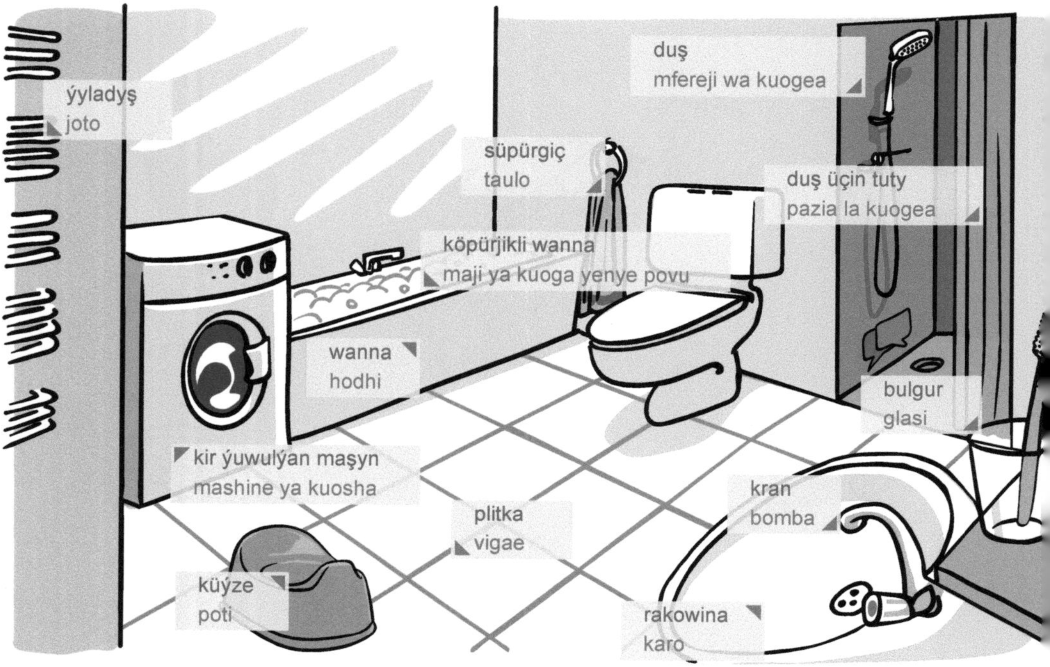
ýyladyş
joto
duş
mfereji wa kuogea
süpürgiç
taulo
duş üçin tuty
pazia la kuogea
köpürjikli wanna
maji ya kuoga yenye povu
wanna
hodhi
bulgur
glasi
kir ýuwulýan maşyn
mashine ya kuosha
kran
bomba
plitka
vigae
küýze
poti
rakowina
karo

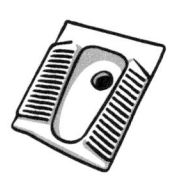

hajathana
choo

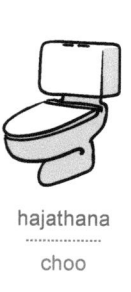

polda oturdylýan unitaz
choo cha squat

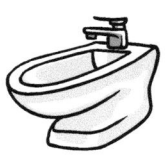

bide
beseni la mviringo

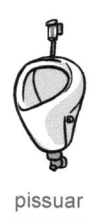

pissuar
choo cha umma

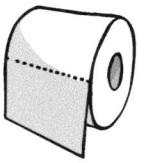

hajathana kagyzy
shashi

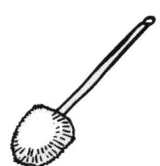

hajathana çotgasy
brashi ya choo

diş çotgasy
mswaki

diş pastasy
dawa ya meno

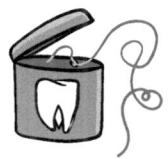

diş sapagy
dawa ya meno

ýuwmak
safisha

el duşy
kucga mkono

şahsy duş
msukumo wa maji

legen
bonde

arka üçin çotga
mpako wa pili

sabyn
sabuni

duş üçin gel
jeli ya kuogea

şampun
shampuu

moçalka
flana

akyş
toa maji

krem
krimu

dezodorant
kiondoa harufu

aýna

kioo

el aýnasy

kioo mkono

päki

kinyozi

sakgal syrmak üçin köpürjik

povu la kunyoa

sakgal syrylanyndan soňky
losýon

baada ya kunyoa

darak

kichana

çotga

brashi

fen

kikausha nywele

saç üçin lak

marashi ya nyewele

kosmetika

vipodozi

dodaga çalynýan reňk

kidomwa

dyrnaga çalynýan reňk

varnish ya msumari

pamyk

pamba

manikýur gaýçysy

mkasi wa kucha

atyr

manukato

kosmetika üçin gutujyk

mkoba wa kuosha

oturgyç

kinyesi

terezi

mizani

halat

nguo ya kuoga

rezin ellik

glavu za mpira

tampon

kisodo

gigiýena prokladkasy

sodo

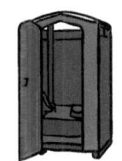

biohajathana

kɛmikali choo

çaga otagy
chumba ya mtoto

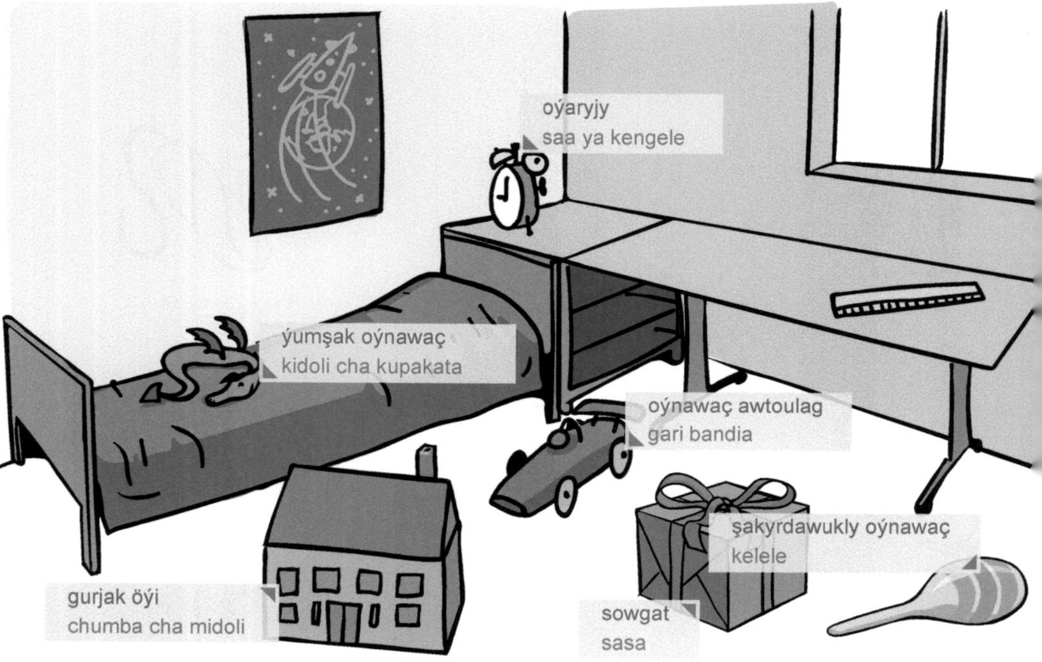
oýaryjy
saa ya kengele
ýumşak oýnawaç
kidoli cha kupakata
oýnawaç awtoulag
gari bandia
şakyrdawukly oýnawaç
kelele
gurjak öýi
chumba cha midoli
sowgat
sasa

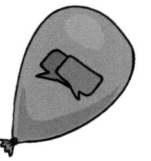

howaly şar

baluni

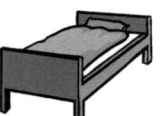

ýatakça

kitanda

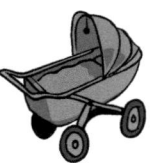

çaga arabasy

mashua

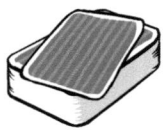

kart oýny

staha ya kadi

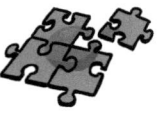

pazl

mchezo-fumb

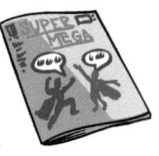

komiks

vichekesho

Lego kerpiçleri

matofali lego

kubikler

vitalu mwigo

oýnawaç şekil

hatua takwimu

çagalar üçin joraply balak

suti ya kulalia

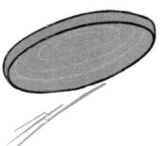

frisbi

kisahani

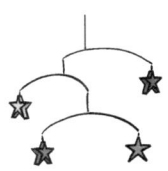

mobile

simu

stolüsti oýun

ubao wa michezo

kubik

kete

demir ýolunyň modeli

garimoshi mwigo

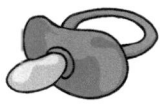

soska

dummy

şagalaň

chama

şekilli kitap

picha kitabu

top

mpira

gurjak

kikaragosi

oýnamak

kucheza

çäge aýmança
shimo la mchanga

hiňňildik
bembea

oýnawaç
vitu bandia

oýun pristawkasy
kiweko cha video ya mchezo

üç tigirli welosiped
baiskeli ya magurudumu matatu

plýuşadan aýyjyk
mwanasesere

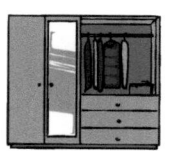

egin-eşik üçin şkaf
kabati

egin-eşik
nguo

jorap
soksi

çulki
stokingi

kolgotka
kibano

şarf
skafu

saýawan
mwavuli

futbolka
fulana

kemer
ukanda

ädik
viatu

öý şypbygy
ndara

krossowka
wakufunzi

sandaliýa
malapa

aýakgap
viatu

rezin ädik
mabuti ya mpira

türsük
suruali ya ndani

göwüslik
sidiria

maýka
fulana

bodi
mwili

jalbar
suruali

jins
dangirizi

ýubka
sketi

bluzka
blauzi

köýnek
shati

switer
vuta

switer
sweta

sport keltekçesi
bleza

žaket
jaketi

palto
koti

plaş
koti la mvua

kostýum
maleba

köýnek
gauni

toý köýnegi
mavazi ya harusi

erkek üçin kostýum
....
suti

ýatyş köýnegi
....
vazi la usiku

pižama
....
pajama

sari
....
sari

ýaglyk
....
skafu

selle
....
kilemba

perenji
....
burka

kaftan
....
kaftan

abaýa
....
abaya

suwa düşmek üçin lybas
....
vazi la kuogelea

plawki
....
vazi la kiume la kuogelea

şorty
....
kaptura

sport lybasy
....
teitei

öňlük
....
aproni

ellik
....
glavu

ilik

kifungo

äýnek

glasi

bilezik

bangili

zynjyr

mkufu

ýüzük

pete

syrga

herini

papak

kofia

geýim asgyç

kiango cha koti

şlýapa

kofia

galstuk

tai

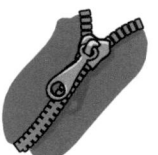

syrma

zipu

şlem

kofia

egnaşyr kemer

kanda za suruali

mekdep lybasy

sare za shule

lybas

sare

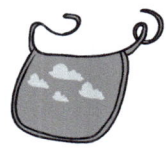

çaga döşlügi

bibu

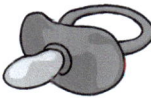

soska

dummy

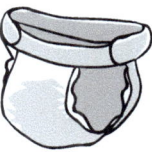

arlyk

nepi

ofis

ofisi

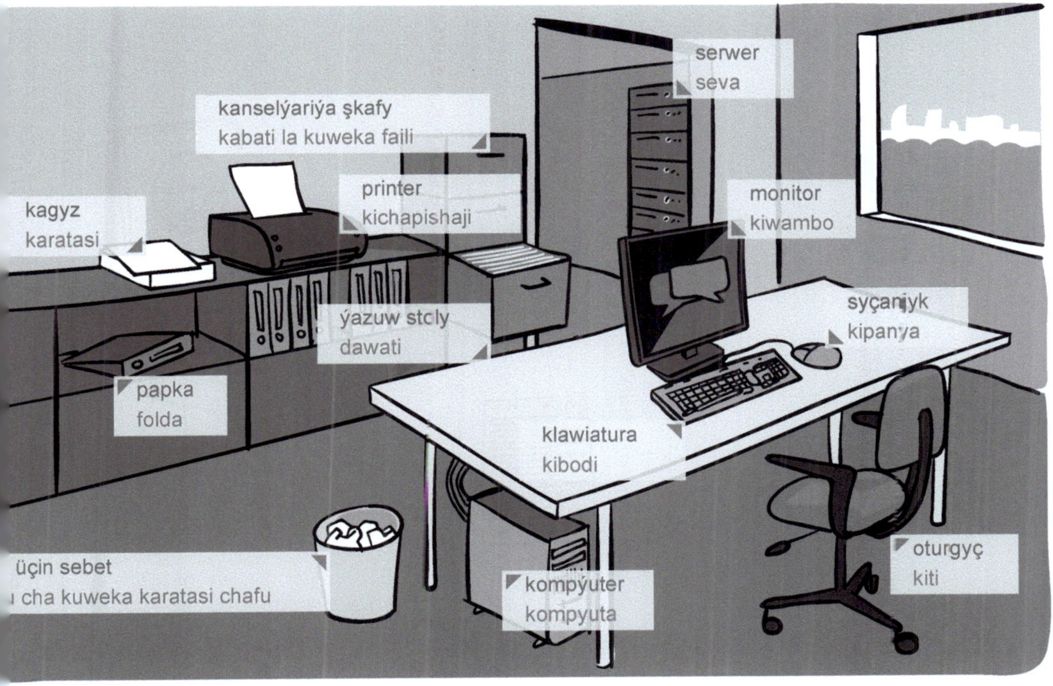

serwer
seva
kanselýariýa şkafy
kabati la kuweka faili
printer
kichapishaji
kagyz
karatasi
monitor
kiwambo
ýazuw stoly
dawati
syçanjyk
kipanya
papka
folda
klawiatura
kibodi
üçin sebet
cha kuweka karatasi chafu
kompýuter
kompyuta
oturgyç
kiti

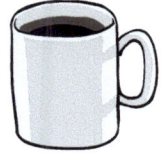

kofe kružkasy

kmobe la kahawa

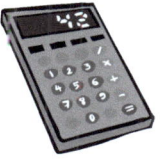

kalkulýator

kikokotoo

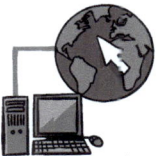

internet

biashara

noutbuk
mbali

hat
barua

habar
ujumbe

öýjükli telefon
rununu

tor
intaneti

kseroks
fotokopia

programma
programu

telefon
simu

rozetka
soketi

faks
kipepesi

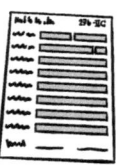

formulýar
fomu

resminama
hati

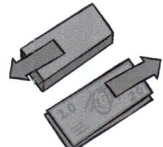

satyn almak

kununua

tölemek

kulipa

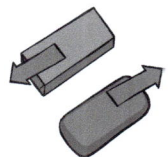

söwda etmek

biashara

pul

fedha

dollar

dola

ýewro

yuro

iena

yeni

rubl

rouble

frank

faranga ya Uswisi

ženminbi ýuan

renminbi yuan

rupiýa

rupia

bankomat

eneo la kulipia

walýuta çalyşmak üçin bent

ofisi ya ubadilishanaji

altyn

dhahabu

kümüş

fedha

nebit

mafuta

energiýa

nishati

baha

bei

şertnama

mkataba

salgyt

kodi

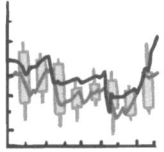

paýnama

bidhaa

işlemek

kazi

gullukçy

mfanyakazi

iş beriji

mwajiri

fabrik

kiwanda

dükan

duka

milisíýanyň işgäri
afisa wa polisi

ýangyn södüriji
mzimamoto

aşpez
mpishi

lukman
daktari

uçarman
rubani

bagban
mtunza bustani

agaç ussasy
seremala

tikinçi
mshonaji

kazy
hakimu

himik
mwanakemia

aktýor
muigizaji

awtobus sürüjisi

dereva wa basi

taksiçi

dereva wa teksi

balykçy

mvuvi

tam süpüriji

mwanamke wa kusafisha

üçek basyrýan ussa

mwezekaji

ofisiant

mhudumu

awçy

mwindaji

suratçy

mchoraji

çörekçi

mwokaji

elektrik

umeme

gurluşykçy

mjenzi

inžener

mhandisi

gassap

mchinjaji

santehnik

fundi bomba

hatçy

mwanaposta

esger

mwanajeshi

binagär

msarifu majengo

pulhanaçy

keshia

floraçy

muuza maua

dellekçi

msusi

konduktor

kondakta

mehanik

mekanika

kapitan

nahodha

diş lukmany

daktari wa menc

alym

mwanasayansi

rawwin

rabbi

imam

imamu

monah

mtawa

ruhany

kasisi

gurallar

zana

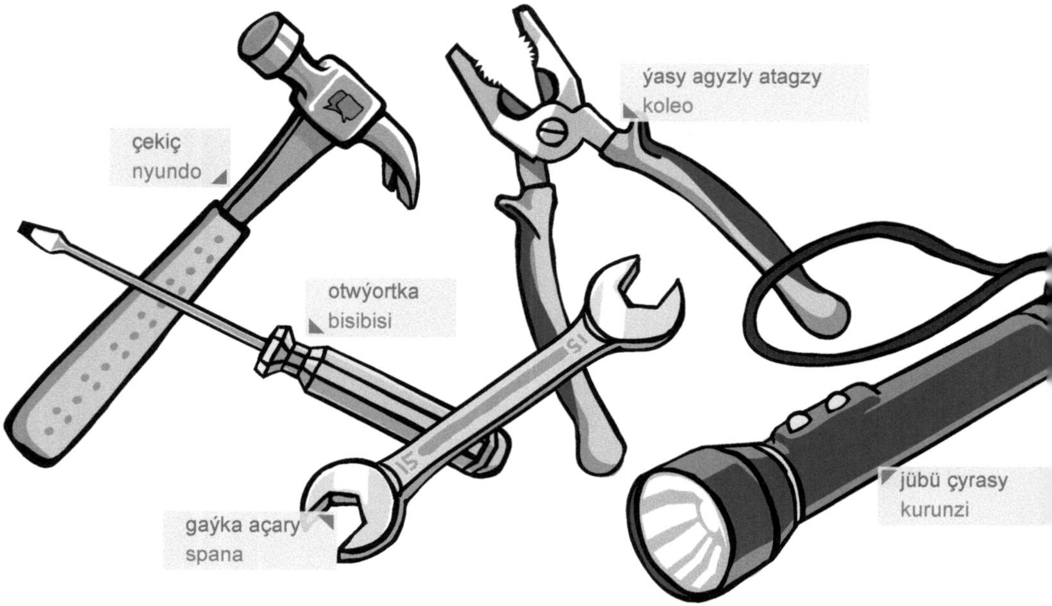

ýasy agyzly atagzy
koleo
çekiç
nyundo
otwýortka
bisibisi
jübü çyrasy
kurunzi
gaýka açary
spana

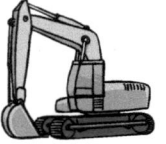

ekskawator

mchimbaji

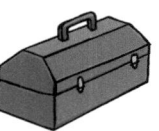

gurallar üçin gap

sanduku la vifaa

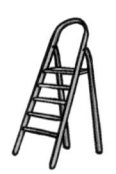

merdiwan

ngazi

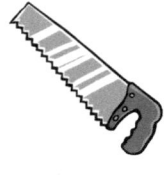

byçgy

msumeno

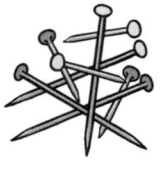

çüýler

misumari

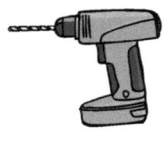

drel

kuchimba visima

abatlamak
kukarabati

pil
sepetu

Bolmandyr!
Lo!

susguç
kishikio cha uchafu

boýagly bedre
chungu cha rangi

nurbatlar
skurubu

saz gurallary
ala za muziki

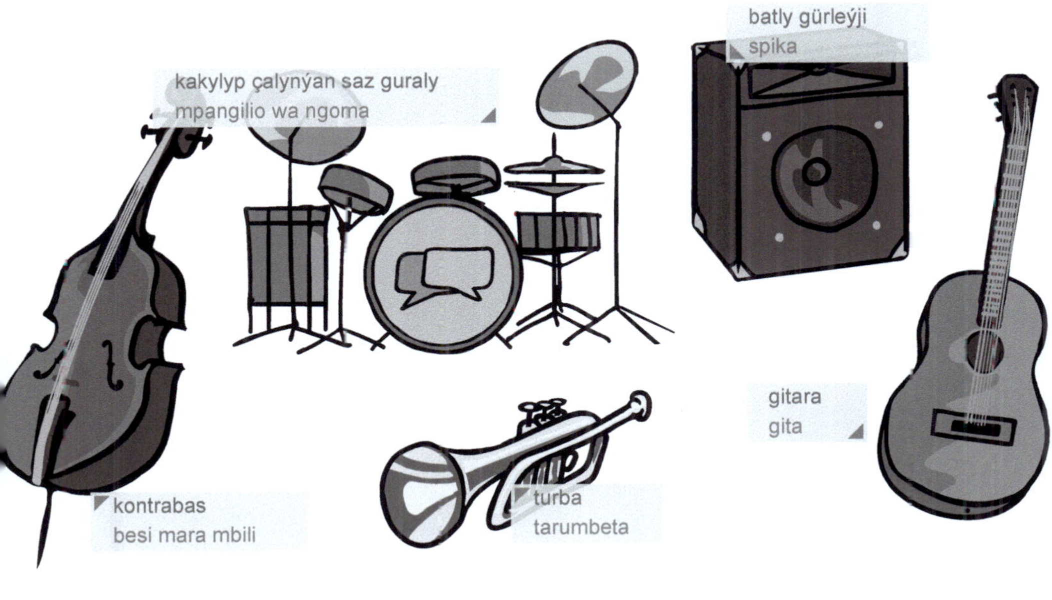

batly gürleýji
spika

kakylyp çalynýan saz guraly
mpangilio wa ngoma

gitara
gita

kontrabas
besi mara mbili

turba
tarumbeta

pianino
piano

skripka
fidla

bas-gitara
ubeji

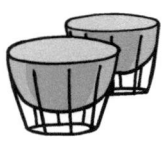

nagara
timpani

deprek
ngoma

sintezator
kibodi

saksafon
saksafoni

fleýta
filimbi

mikrofon
maikrofoni

haýwanat bagy

bustani ya wanyama

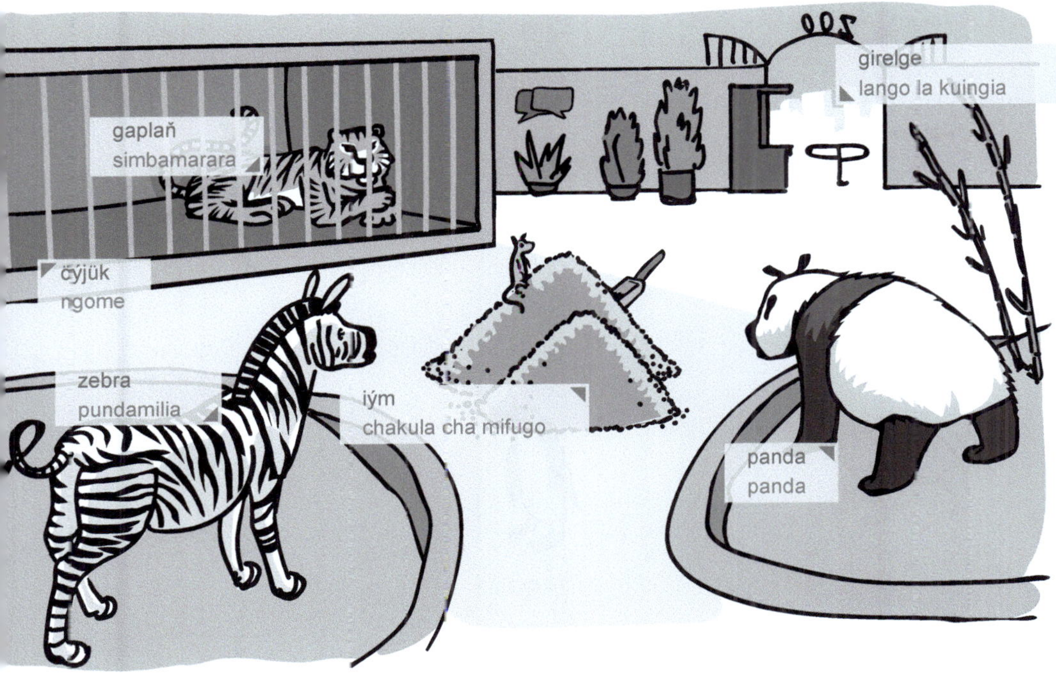

gaplaň
simbamarara
girelge
lango la kuingia
çyjük
ngome
zebra
pundamilia
iým
chakula cha mifugo
panda
panda

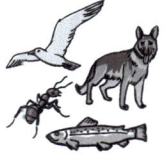

haýwanlar

wanyama

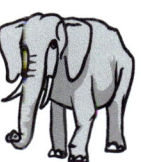

pil

tembo

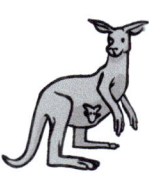

kenguru

kangaruu

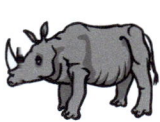

nosorog

kifaru

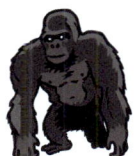

gorilla

sokwe

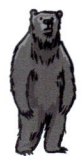

aýy

dubu

düýe

ngamia

düýeguş

mbuni

ýolbars

simba

maýmyn

tumbili

gyzylinjik

heroe

hindiguş

kasuku

ak aýy

dubu

pingwin

penguini

akula

papa

tawus

tausi

ýylan

nyoka

krokodil

mamba

haýwanat bagynyň
gullukçysy

mtunza wanyama

düwlen

muhuri

ýaguar

jaguar

haýwanat bagy - bustani ya wanyama

poni

mwanafarasi

gaplaň

chui

begemot

kiboko

žiraf

twiga

bürgüt

tai

ýekegapan

nguruwe mwitu

balyk

samaki

pyşbaga

kobe

suwpişik

sili

tilki

mbweha

jeren

paa

amerikan
soka ya marekani

tigir sürmek
uendeshaji baiskeli

tennis
tenisi

basketbol
mpira wa kikapu

ýüzme
kuogelea

boks
ndondi

hokkeý
magongo ya barafuni

futbol
soka

badminton
vinyoya

ýeňil atletika
riadha

gandbol
mpira wa mikono

lyža sporty
skii

polo
polo

bökmek
kuruka

gujaklamak
kumbatia

gülmek
cheka

gitmek
kutembea

aýdym aýtmak
kuimba

arzuw etmek
ota ndoto

dilemek
kuomba

öpmek
busu

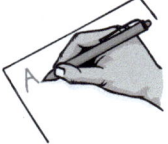

ýazmak
....
kuandika

surat çekmek
....
kuteka

görkezmek
....
angalia

basmak
....
sukuma

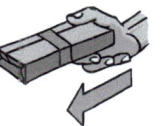

bermek
....
kutoa

almak
....
kuchukua

eýe bolmak

kuwa

etmek

fanya

bolmak

kuwa

durmak

kusimama

ylgamak

kukimbia

çekmek

vuta

taşlamak

kutupa

gaçmak

kuanguka

ýatmak

hadaa

garaşmak

kusubiri

götermek

kubeba

oturmak

kukaa

geýmek

vaa nguo

ýatmak

usingizi

oýanmak

kuamka

görmek

kuangalia

aglamak

lia

sypalamak

kiharusi

daramak

chana nywele

gürlemek

ongea

düşünmek

kuelewa

soramak

kuuliza

diňlemek

kusikiliza

içmek

kunywa

iýmek

kula

tertipleşdirmek

nadhifisha

söýmek

upendo

taýýarlmak

mpishi

gitmek

gari

uçmak

kuruka

ýelkeni ýaýyp gitmek

meli

hasaplamak

kokotoa

okamak

kusoma

okamak

kujifunza

işlemek

kazi

nikalaşmak

kuoa

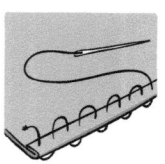

dikmek

kushona

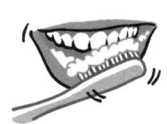

dişiňi arassalamak

piga mswaki

öldürmek

kuua

çilim çekmek

moshi

ugratmak

kutuma

maşgala
familia

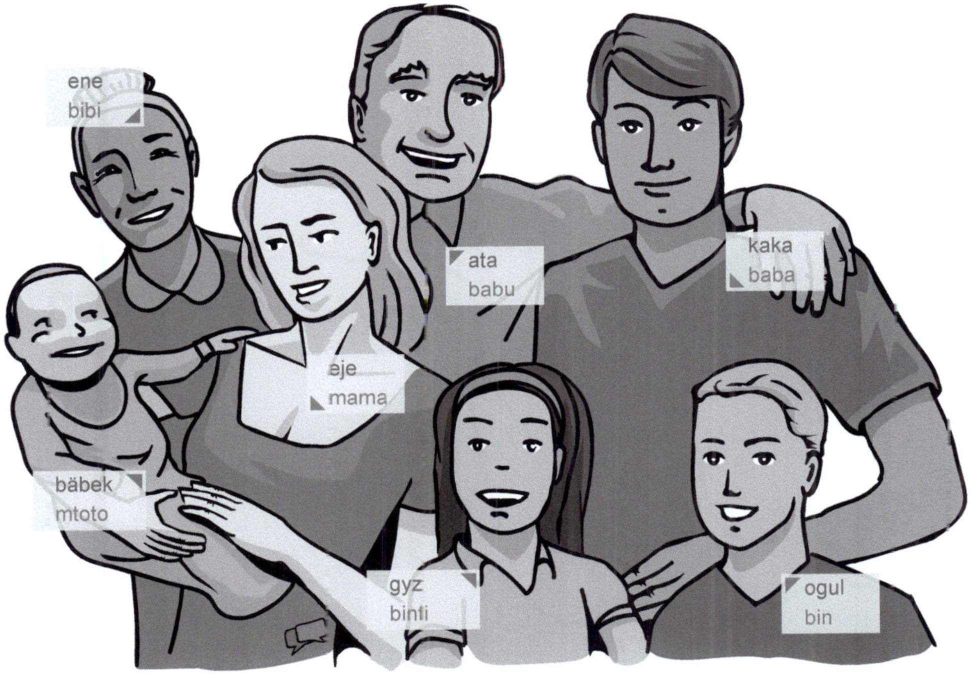

ene
bibi
ata
babu
kaka
baba
eje
mama
bäbek
mtoto
gyz
binti
ogul
bin

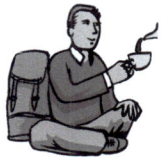

myhman

mgeni

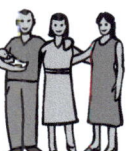

daýza

shangazi

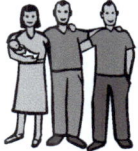

daýy

mjomba

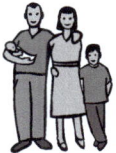

aga

kaka

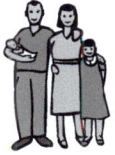

uýa

dada

ten

mwili

mańlaý
paji la uso
göz
jicho
egin
bega
barmak
kidole
ýüz
uso
äň
kidevu
penje
mkono
aýak
mguu
döş
matiti
el
mkono

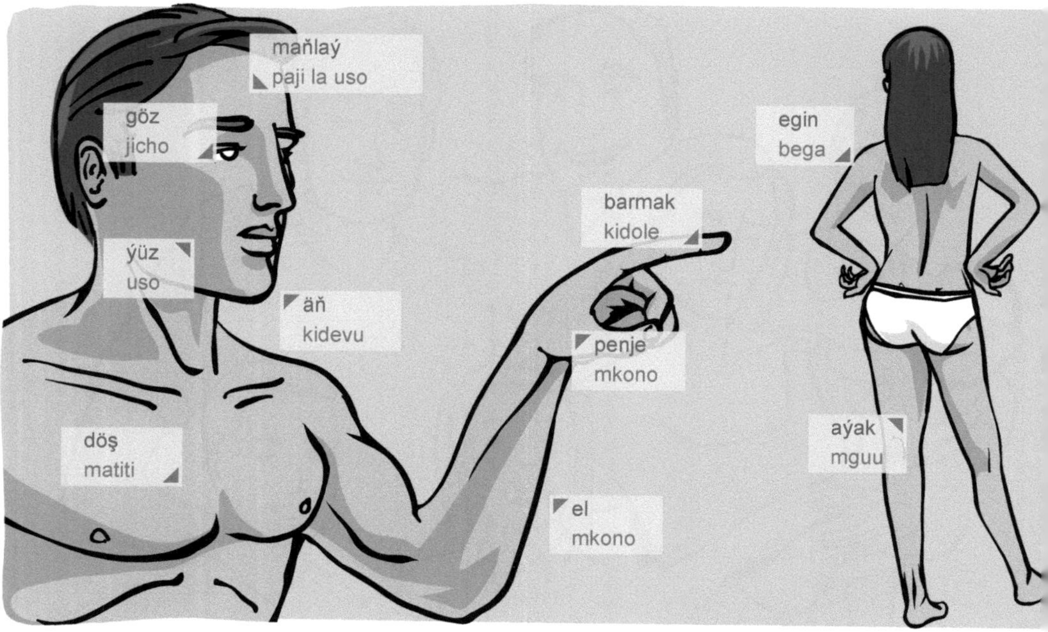

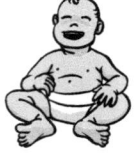

bäbek

mtoto

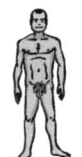

erkek

mwanamume

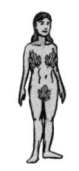

aýal

mwanamke

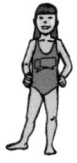

gyz

msichana

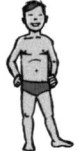

oglan

mvulana

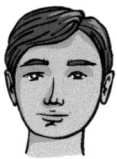

kelle

kichwa

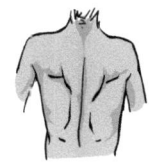

arka
nyuma

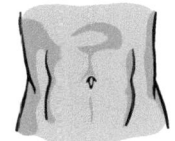

garyn
tumbo

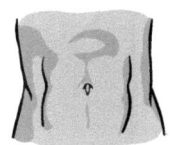

göbek
kitovu

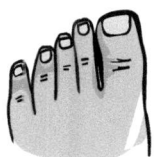

aýak barmagy
chano

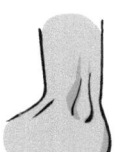

ökje
kisigino

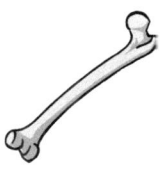

süňk
mfupa

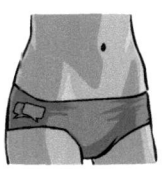

but
nyonga

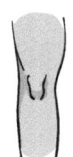

dyz
goti

tirsek
kiwiko

burun
pua

ýanbaş
chini

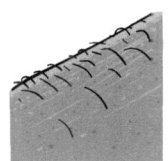

deri
ngozi

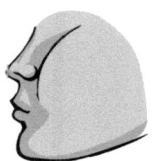

ýaňak
shavu

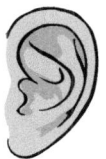

gulak
sikio

dodak
mdomo

agyz

kinywa

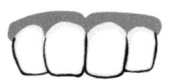

diş

jino

dil

ulimi

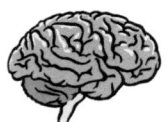

beýni

ubongo

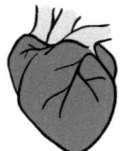

ýürek

moyo

myşsa

misuli

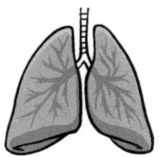

öýken

pafu

bagyr

ini

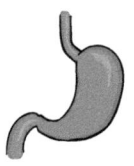

aşgazan

tumbo

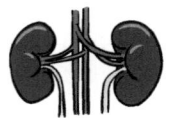

böwrek

figo

jyns ýakynlygy

jinsia

prezerwatiw

kondomu

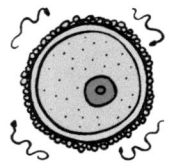

erkeklik jyns öýjügi

ovari

tohumlyk

shahawa

göwrelilik

mimba

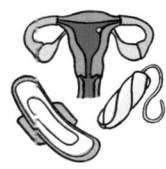

bil açylma
....
hedhi

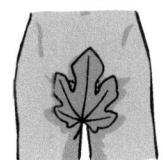

wagina
....
uke

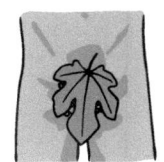

erkek jyns agzasy
....
uume

gaş
....
unyusi

saç
....
nywele

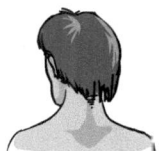

boýun
....
shingo

hassahana
hospitali

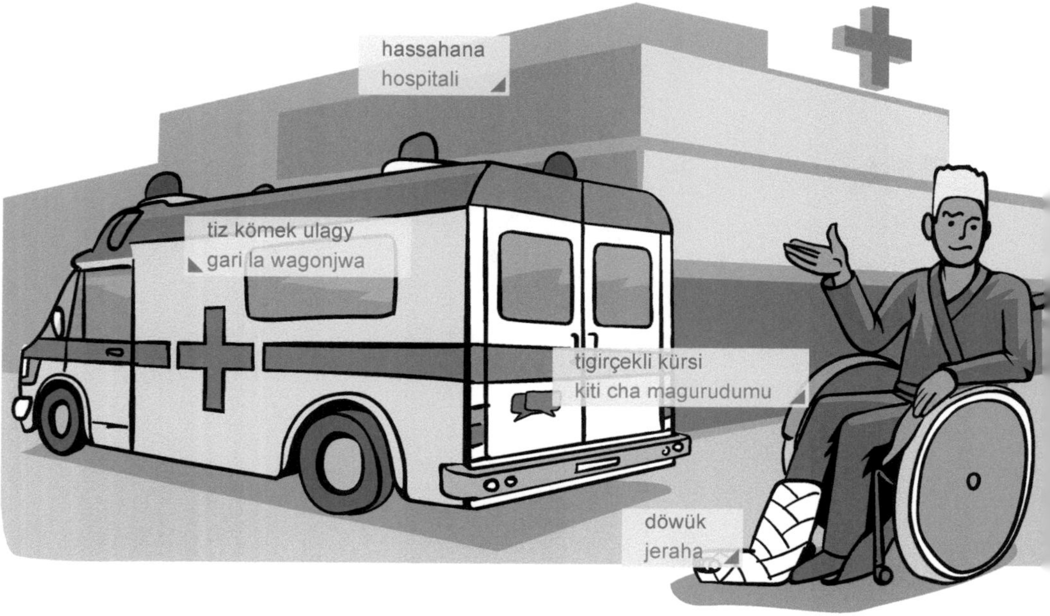

hassahana
hospitali
tiz kömek ulagy
gari la wagonjwa
tigirçekli kürsi
kiti cha magurudumu
döwük
jeraha

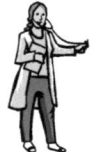

lukman
daktari

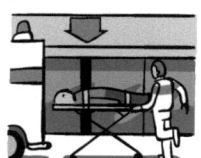

ilkinji kömek nokady
chumba cha dharura

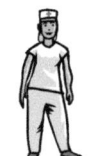

şepagat uýasy
muuguzi

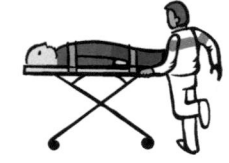

gaýragoýulmasyz ýagdaý
dharura

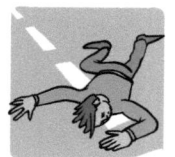

özüni bilmän
kupoteza fahamu

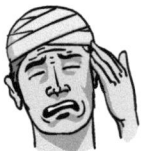

agyry
maumivu

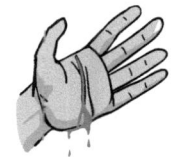

zeper ýetme
kuumia

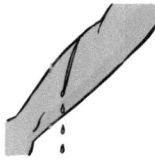

gan akmasy
kutokwa na damu

infarkt
mshtuko wa moyo

insult
kiharusi

allergiýa
mzio

üsgülik
kikohozi

ýokarlanan temperatura
homa

dümew
mafua

içgeçme
kuharisha

kelle agyrysy
maumivu ya kichwa

rak
kansa

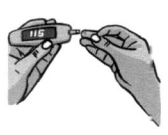

diabet
ugonjwa wa kisukari

hirurg
daktari mpasuaji

skalpel
kisu kicogo cha kupasulia

operasiýa
operesheni

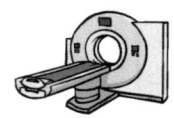

iýmit siňdirýän ortlaryň jemi

picha changanufu ya mwili

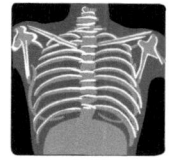

rentgen

Eksrei

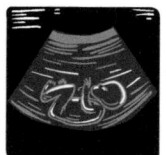

ultrases

mawimbi sauti

maska

barakoa ya uso

kesel

ugonjwa

kabulhana

chumba cha kusubiri

pişek

mkongojo

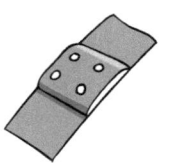

plastyr

plasta

bint

bendeji

sanjym

sindano

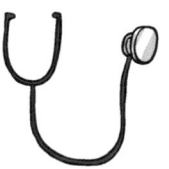

stetoskop

stetoskopu

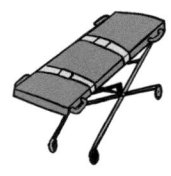

zemmer

machela

termometr

kipimajoto cha kliniki

dogluş

kuzaliwa

artykmaç agram

unene kupita kiasi

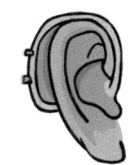

eşidiş abzaly

kusikia misaada

zyýansyzlandyryjy serişde

kipukusi

ýokanç

maambukizi

wirus

virusi

VJIÇ/ AIDS

VVJ / UKIMWI

derman

dawa

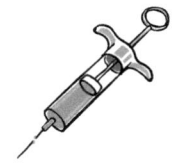

öňüni alyş sanjymy

chanjo

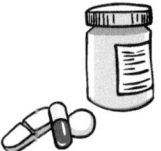

gerdejikler

vidonge

göwreli bolmakdan goraýan gerdejik

kidonge

gaýragoýulmasyz çagyryş

s mu ya dharura

gan basyşyny ölçeýji abzal

haerrodainamometa

näsag / sagdyn

mgonjwa / mwenyε afya

Kömek ediň!

Msaada!

howsala signaly

kengele

çozuş

pigo

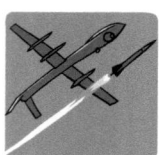

hüjüm

shambulizi

howp

hatari

ätiýaçlyk çykalgasy

lango la dharura

Ýangyn!

Moto!

ot söndürijisi

kizima moto

betbagtçylykly ýagdaý

ajali

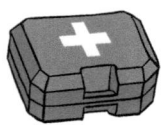

derman gutujygy

vifaa vya huduma ya kwanza

SOS

wito wa msaada

milisiýa

polisi

Ýewropa

Ulaya

Demirgazyk Amerika

Amerika ya Kaskazini

Günorta Amerika

Amerika ya Kusini

Afrika

Afrika

Aziýa

Asia

Awstraliýa

Australia

Atlantika ummany

Atlantiki

Ýuwaş umman

Pasifiki

Hindi ummany

Bahari ya Hindi

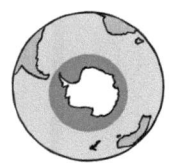

Antarktika ummany

Bahari ya Antaktiki

Demirgazyk Buzly umman

Bahari ya Aktiki

Demirgazyk polýusy

Ncha ya Kaskazini

Günorta polýusy

Ncha ya Kusini

Antarktida

Antaktika

zemin

dunia

gury ýer

nchi

deňiz

bahari

ada

kisiwa

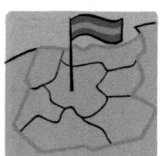

millet

taifa

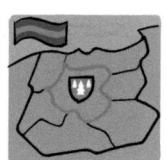

döwlet

jimbo

siferblat

uso wa saa

sagadyň dili

akrabu ya saa

minut görkezýän dil

akrabu ya dakika

sekundy görkezýän dil

akrabu ya sekunde

sagat näçe?

Ni saa ngapi?

gün

siku

wagt

wakati

häzir

sasa

elektron sagady

saa ya dijitali

minut

dakika

sagat

saa

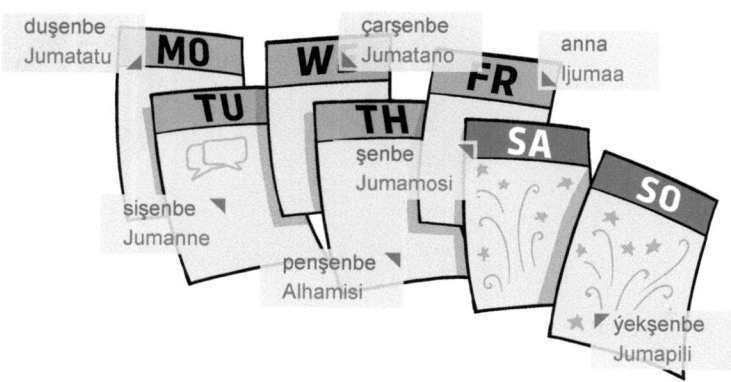

duşenbe
Jumatatu

çarşenbe
Jumatano

anna
Ijumaa

sişenbe
Jumanne

şenbe
Jumamosi

penşenbe
Alhamisi

ýekşenbe
Jumapili

düýn
....
jana

şu gün
....
leo

ertir
....
kesho

säher
....
asubuhi

günortan
....
saa sita mchana

agşamlyk
....
jioni

iş günler
....
siku za biashara

dynç günler
....
mwishoni mwa wiki

ýyl
mwaka

ýagyş
mvua
älemgoşar
upinde wa mvua
şemal
upepo
gar
theluji
ýaz
majira ya machipuko
güýz
vuli
tomus
kiangazi
gyş
majira ya baridi

4.APRIL 11°
5.APRIL 4°
6.APRIL 13°
7.APRIL 8°
8.APRIL 10°

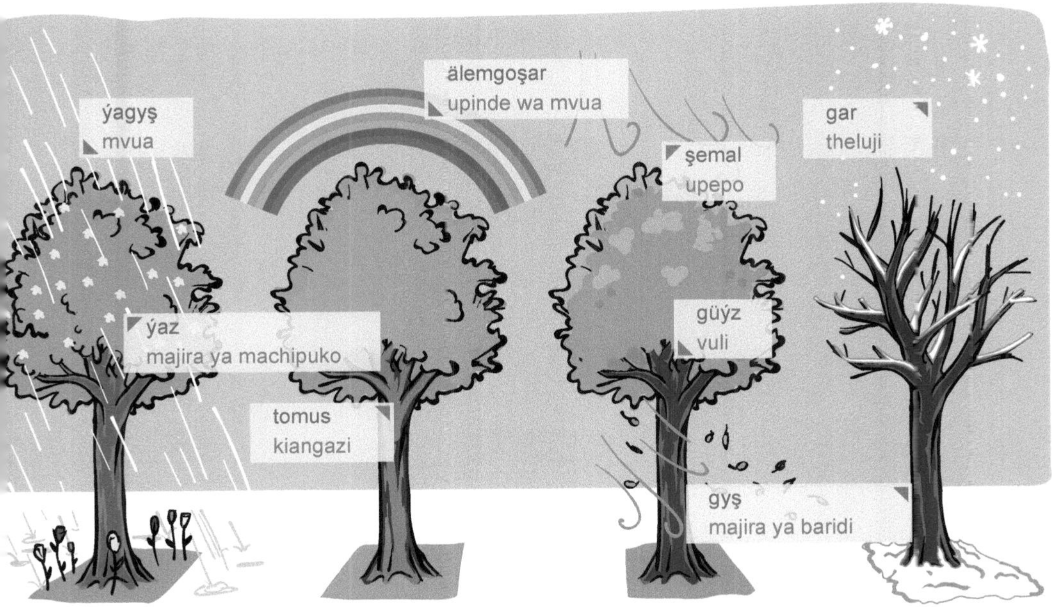

howa maglumaty

utabiri wa hali ya hewa

F C
120 90 60 30 0 -30
40 30 20 10 0 -10 -20

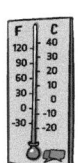

termometr

kipimajoto

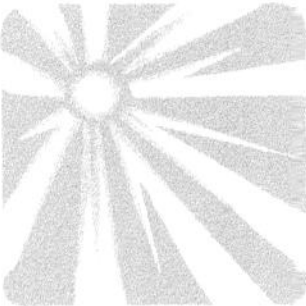

gün ýagtylygy

mwanga wa jua

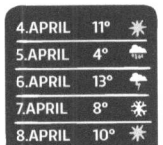

gara bulut

wingu

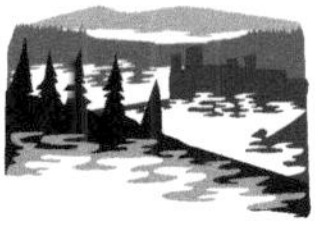

ümür

ukungu

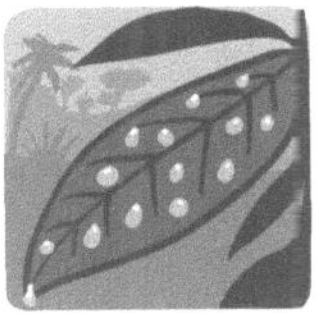

howanyň çyglylygy

unyevu

ýyldyrym

umeme

gök gümmürdisi

radi

tupan

dhoruba

doly

mvua ya mawe

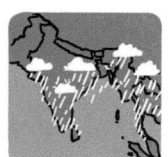

musson

monsuni

suw alma

mafuriko

buz

barafu

ýanwar

Januari

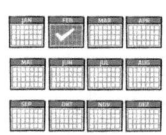

fewral

Februari

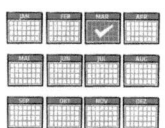

mart

Machi

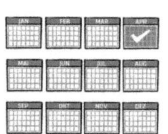

aprel

Aprili

maý

Mei

iýun

Juni

iýul

Julai

awgust

Agosti

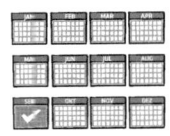

sentýabr
....
Septemba

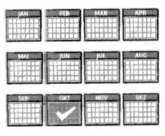

oktýabr
....
Oktoba

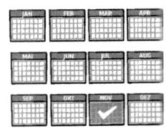

noýabr
....
Novemba

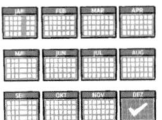

dekabr
....
Desemba

görnüşler

maumbo

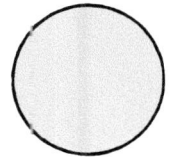

tegelek
....
mduara

kwadrat
....
mraba

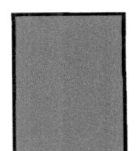

göniburçluk
....
mstatili

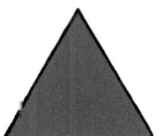

üçburçluk
....
pembetatu

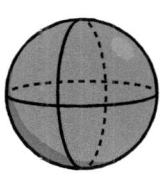

şar
....
nyanja

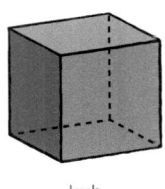

kub
....
mchemraba

ak

nyeupe

sary

manjano

mämişi

chungwa

gülgüne

rangi ya waridi

gyzyl

nyekundu

liliýa reňkli

hudhurungi

gök

bluu

ýaşyl

kijani

goňur

hanja

çal

jivujivu

gara

nyeusi

köp / az

mengi / kidogo

gazaply / asuda

hasira / pole

owadan / betnyşan

nzuri / mbaya

başy / soňy

mwanzo / mwisho

uly / kiçi

kułwa / ndogo

açyk / garaňky

angavu / giza

oglan dogan / gyz dogan

kaka / dada

arassa / hapa

safi / chafu

doly / doly däl

kamilika / tokamilika

gündiz / gije

siku / usiku

jansyz / diri

wafu / hai

giň / dar

pana / nyembamba

iýilýän / iýilmeýän

kulika / kutolika

gaharly / dostlukly

ovu / ema

tolgunly / tukat

sisimkwa / udhika

çişik / hor

nene / nyembamba

başda / soňunda

kwanza / mwisho

dost / duşman

rafiki / adui

doly / boş

jaa / tupu

berk / ýumşak

ngumu / laini

agyr / ýeňil

nzito / nyepesi

açlyk / teşnelik

njaa / kiu

näsag / sagdyn

mgonjwa / mwenye afya

bikanun / kanuny

haramu / kisheria

akyly / akmak

akili / kijinga

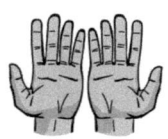

çepde / sagda

kushoto / kulia

ýakyn / daş

karibu / mbali

täze / ulanylan
mpya / kutumika

hiç zat / bir zat
kitu / jambo

garry / ýaş
zee / changa

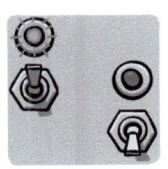

ýakylan / söndürilen
waka / zima

açyk / ýapyk
wazi / fungwa

ýuwaş / gaty
utulivu / kelele

baý / garyp
tajiri / masikini

dogry / nädogry
sahihi / kosa

büdür-südür / tekiz
mbaya / laini

gamgyly / şatlykly
huzunika / furahia

gysga / uzyn
fupi /ndefu

haýal / tiz
polepole / haraka

öl / gury
nyevu / kavu

ýyly / sowuk
joto / baridi

uruş / parahatçylyk
vita / amani

0

nul

sufuri

1

bir

moja

2

iki

mbili

3

üç

tatu

4

dört

nne

5

bäş

tano

6

alty

sita

7

ýedi

saba

8

sekiz

nane

9

dokuz

tisa

10

on

kumi

11

on bir

kumi na moja

12

on iki

kumi na mbili

13

on üç

kumi na tatu

14

on dört

kumi na nne

15

on bäş

kumi na tano

16

on alty

kumi na sita

17

on ýedi

kumi na saba

18

on sekiz

kumi na nane

19

on dokuz

kumi na tisa

20

ýigrimi

ishirini

100

ýüz

mia

1.000

müň

elfu

1.000.000

million

milioni

iñlis

Kiingereza

amerikan iñlis

Kiingereza cha Marekani

mandarin hytaý

Kimandarini cha Uchina

hindi

Kihindi

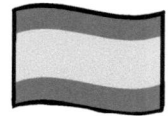

ispan

Kihispania

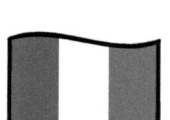

fransuz

Kifaransa

arap

Kiarabu

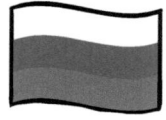

rus

Kirusi

portugal

Kireno

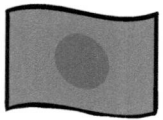

bengal

Kibengali

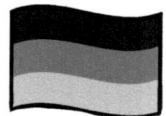

nemes

Kijerumani

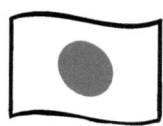

ýapon

Kijapani

men
....
mimi

sen
....
wewe

ol (oglan) / ol (gyz) / ol (jansyz zat)

yeye / yeye / ni

biz
....
sisi

siz
....
wewe

olar
....
wao

kim?
....
nani?

näme?
....
nini?

nähili?
....
jinsi gani?

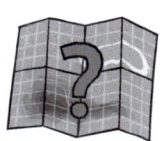

nirede?
....
wapi?

haçan?
....
lini?

ady
....
jina

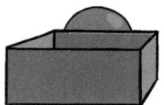

yzynda

nyuma

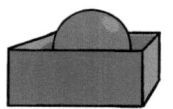

içinde

katika

öňünde

mbele ya

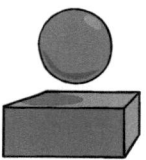

bir zadyň üsti

juu ya

üstünde

kwenye

aşagynda

chini ya

ýanynda

kando

arasynda

kati

ýer

mahali